AF283081

APUESTA
POR LA
LUZ

APUESTA
POR LA
LUZ

FRANCISCA CARMONA GENIZ

Prólogo de Rocío Fernández Berrocal

·EDICIONES·PANGEA·

Primera edición: septiembre de 2025

Del texto: © Francisca Carmona Geniz

Prólogo: Rocío Fernández Berrocal

De esta edición: © Ediciones Pangea, 2025
41720 Los Palacios y Villafranca, Sevilla
www.edicionespangea.com

Edición al cuidado de José Peña Fierro
Fotografía de la autora: Salvador Carmona Gómez
Diseño de cubierta: Darío Delos

ISBN: 979-13-990177-5-5
Depósito Legal: SE 1642-2025
Impresión: Ulzama Digital
Impreso en España / *Printed in Spain*

A mis hijos, Francisco José, Roberto e Inma.
Ellos son la luz y el sentido de mis días.

PRÓLOGO
Por Rocío Fernández Berrocal

Y el sol entró por el balcón cerrado
y el coral de la vida abrió su rama sobre mi corazón amortajado.

FEDERICO GARCÍA LORCA

Necesitamos la belleza, la emoción, la poesía como alimento espiritual, más en estos tiempos tecnificados. Un buen poema, una buena melodía son capaces de embellecer un día y de hacerlo más trascendente. Irene Vallejo declaraba con mucha razón que «la belleza es más necesaria cuando se viven tiempos de realidad agobiante». Hay que seguir apostando por las formas más puras que hacen más pura, intensa y verdadera, más emocionante, nuestra existencia. Hay que apostar por la luz, como ha hecho nuestra autora, Francisca Carmona.

Decía Ortega que los poetas nos plagian porque en sus versos plasman lo que todos sentimos y nosotros no somos capaces de expresar. Desde antiguo el poeta y el filósofo muestran la luz y la conciencia del mar de la vida con todos sus naufragios, están por ello muy cercanos al hombre, pero, como pensaban Heidegger y también María Zambrano, la poesía llega a veces donde no lo hace la filosofía: Aristóteles decía que en el arte, en la poesía, se acercaba uno más a la verdad que reuniendo conocimientos sobre la propia realidad, y siglos después el pensador francés Joubert estaba convencido de que los poetas, buscando la belleza y con su sentido común, encontraban más verdades, más incluso que los filósofos. La poesía es por ello, para sus buenos lectores, un manual de buen vivir, el acompañamiento que dota de emoción y sentido a la existencia. Y esto lo encontraréis en este libro, la sabiduría y experiencia de la vida donde nos reencontramos todos porque, como afirmó Borges, «en un hombre estamos todos los hombres». Escribe Francis Carmona:

Viven por el pensamiento las promesas
y semillas que conservan la ilusión
con la verdad que comparto.

Me ha resultado emocionante leer este viaje personal y poético de Francis Carmona por estas sus soledades, galerías y poemas del alma, por este caminar hondo de sí misma en la aceptación del dolor, el despertar a más lucidez y a más conciencia, más luz que es amor para ella, y encontrar en él el reflejo caleidoscópico de sus tonalidades interiores, el pálpito de la ternura, la caricia de su sensibilidad y el temblor de su dolor y su alegría. Este libro es una ofrenda muy personal de su alma, ofrenda íntima que la poeta nos regala, chispazos líricos de emoción, reflexiones de madurez y hondura que nos acompañan en el desierto de la vida. «Somos un destello desesperado solo amparado por la ternura y la poesía», escribió Reinaldo Arenas.

En medio de tanta tecnología la poesía atesora lo espiritual del ser humano (medio pan y medio libro pedía Lorca) y es esa espiritualidad en soledad la que le dicta a Francis sus versos, ella le pone su voz:

Y siento que la soledad es mi compañera
y le presto mi voz (...).
Y así, poco a poco,
me voy haciendo de mí,
ajustando el alma
a las rosas que florecen
por mi sangre.

En esa su «casa de tiempo y silencio» juanramonianos, la poesía, que la lleva «al río de la vida»:

Acomodarla construyendo,
emplazar por la supervivencia,
buscando asepsia posible por la luz.
Padre, mientras viva, permíteme navegar
por las páginas de los libros (...)
mi corazón se hace de versos
y solo entonces mi yo puede caminar.

Escribir ensancha el mundo personal y el horizonte de la poeta. Además de exorcizar demonios y fantasmas, se trazan caminos nunca imaginados («Por el hilo del amor, / la luz»). El lenguaje cobra nuevo brío con la emoción del corazón: ambos, lenguaje y corazón, corazón y lenguaje, recorren nuevas sendas en el negro sobre blanco, y ya uno se queda a vivir allí para siempre, en el lenguaje, «casa de tiempo y silencio» para Juan Ramón Jiménez, «casa del ser» para Heidegger.

Cada obra tiene un espíritu propio y esto le da entidad diferenciadora, única, inconfundible porque la poesía es también, por un lado, una forma de mirar el mundo y, por otro, mostrárnoslo enriquecido. Lo importante de una obra es, como decía Vicente Aleixandre, que resuene en unos pocos de corazones fraternos, y así ocurrirá con estos poemas.

El filósofo Wittgenstein se preguntaba al final de su vida si su obra había valido para algo y se respondió que sí, pero «solo si una luz la iluminaba desde arriba». Es tu caso, Francis, es tu caso. Apostaste por la luz.

Casa de tiempo y silencio que da al río de la vida.

JUAN RAMÓN JIMÉNEZ

Vida de palabras

Renovar restaurar amar
esta casa de tiempo.
Acomodarla construyendo,
emplazar por la supervivencia,
buscando asepsia posible por la luz.
En justicia por ellos,
lanzar palabras a la diana centro
por un puzle sin agujeros,
elevar el clamor con niños nuevos.
«Si tocas la palabra, la palabra te toca».
Salir de la nada por el todo,
desde lo más profundo a lo alto,
lo justo sobre el silencio.

Promesas

Viven por el pensamiento las promesas
y semillas que conservan la ilusión
con la verdad que comparto.
A veces llega mi voz de lejos
y se alinean los astros
por la orilla.
Y otra, que soy yo misma,
se atreve a sonreír
con la palabra exacta.
Porque me recuerda
que todos tenemos algo de esa magia.
Y siento que la soledad es mi compañera
y le presto mi voz.
Porque tú me crees,
me pienso cuando camino
de la mano del guion.
En este trozo de tierra
donde mi hogar levanta
su oración al cielo.
Si caigo herida,
el corazón me ayuda,
me da la mano.
Y entran por las ventanas,
en tropel, tantos aromas del paraíso

que me traspasan el alma.
En las páginas que son ellos
me escriben sus colores
por los huecos
de forma natural.
Somos un cúmulo
de buena voluntad:
si una cae, otra la invita a bailar,
siempre está la fuerza musical
dulce y salada.
Y así, poco a poco,
me voy haciendo de mí,
ajustando el alma
a las rosas que florecen
por mi sangre.

Cerrar los ojos y sentir el alma
conozco el camino de llegar a ella
solo necesita paz y un poco de silencio.

Estaba alto el aroma,
oculto por meses de frío.
Ayer mismo despertaron sonrientes
perlas blancas sobre la hojarasca
verde del árbol que estrena vestido.
De aromas que perfuman en festivo
los días, aromas limpios de infancia.
Te paras en ese instante queriendo
detener algo tan valioso que vivió
historias memorables contigo.
Se queda flotando en el aire,
es un eco que regresa
a recordarte quién eres, de qué estás hecho
y que solo tenemos hoy para agradecer
todo lo grande que nos rodea: luz y amor.

Verdeaba

Hoy encerramos el dolor
en la torre más profunda.
Cien años de penas
no caben por la garganta,
le roba el aire a la madrugada.
Dos dolores frente a frente
ahogan
los días al alba.
Ellos miraron por los espejos del río,
la luna ya esperaba, con disfraz de musgo
y redondo de sueños, tu moreno verdeaba.
Por las corrientes del río era cristalina el agua.
Cantaban penas largas de violines,
solo pena amarga.
Por las venas ladraron los perros
entre limones y lágrimas.
Qué dolor más alto y agrio
el que destilaba.

Palabras nuevas

Con solo dos días te llamó Dios
a formar parte de su ejército de ángeles.
No tuvimos tiempo de estrenar las nanas
que te bordé con amor.
Nunca me llamaste por mi nombre.
Te esperaba con tanta ilusión.
Solo nos hablamos nueve meses
de corazón a corazón.

Prometo compartir las palabras
necesarias
cuando regrese tu memoria.
Mientras tanto, seguiré tejiendo
caracolas de chocolate
por si tienes frío.

Llegaron rotas mis palabras
desnudas, pálidas, descalzas.
Después de cruzar la adversidad,
las banderas nunca llegan enteras.
Tormentas de cristales, ríos, montañas, mares,
me rodean los jirones.
Yo no era yo entonces.

Dijeron tu nombre
y todos los átomos de la sangre.
La mirada del sol en racimos brillantes.
En oleajes por las venas
pisaron fuerte el último
segundo del invierno.
Con tu nombre llegó la primavera.

Fuego

Anaranjadas y rojas las manos del fuego
que abrazan hoy tu ser,
mi querido limonero.
Ayer llegó la tormenta
y un rayo tan solo en un momento
abría en canal tu cuerpo,
se derramaron las primaveras
de tu enorme corazón,
tus venas de versos
sembraron la tierra de amor.
Quise salvarte del martillo
y de los clavos del carpintero,
tapé con agua la boca de las cerillas
para que no llamaran al fuego.
Pero es enero, amigo,
los niños tienen más frío que sueño
y tú eres carne de sol, compañero.
Quiero recordarte siempre
con tu carga de primaveras,
acompañando mis sueños,
perfumando las mañanas
mientras mi madre me trenzaba el pelo.
Trovador de lunas llenas

leímos juntos las letras del romancero.
Tu silencio de hoy es un escándalo de incienso,
tu voz de humo regala flores al viento
no te detengas, por favor,
hasta llevar tu pasión de primaveras al cielo.

Amor de familia

Mamá era como una lluvia de polvo de estrellas,
una llovizna menuda e imparable.
Era maravillosa.
Podía mover montañas
y tenía los más bellos secretos
y las más hermosas sorpresas por los bolsillos.
También hacía pequeños grandes milagros,
como multiplicar cosas y multiplicarse.
Repasaba los días como cuentas de rosario,
junto a limoneros en flor,
mientras claveles y geranios
jugaban con la generosa luz de Andalucía.
Mi padre era un sol
que dibujaba árboles
y cosechas sin paleta,
solo con ingenio, destreza,
amor, esperanza e ilusión,
siempre los tallos tiernos para los hijos,
aunque por los bolsillos
solo sonara la incertidumbre
de inventarse los días, los años.
De aquellos días sencillos
conservo los recuerdos:

mi lápiz y goma de borrar.
Y la dulce gratitud de aquel amor de familia
incondicional.

El pozo grande del huerto
que a gritos llamaba mi abuelo,
el que vivía junto a la parra,
tenía tanto venero.
La luna al pasar quedaba quieta
leyendo sus versos.
Brillaba como una estrella,
un general en el huerto.
Gran ejército de naranjos,
siemprevivas, geranios y romeros.
Disfrutaba como un crío
siendo transparente, sincero.
Todo lo mantenía fresco,
salpicaba alegría su agua fresca,
con el cubo de plata en el brocal,
la verdad de la pintura de un lienzo.
Un grito de paz.

María y Marta buscaban en el baúl donde la abuela conserva un vestido inmaculado de la patrona del pueblo, por ser ella en su día camarera de la virgen, entre pañuelos de época. Busca al hada que aparece de vez en cuando, disfrazada de cucaracha, aunque bien parece un ojo de Platero andante, con el que ambas dialogan a la espera de que tome su forma natural y las sorprenda con su varita mágica.

Desde la orilla,
siempre en mayoría,
es después de perder
cuando valoramos.
Después del conocimiento
por la oscuridad del tiempo,
no se ve claro el color
de las palabras desde la orilla.

Días

La alegría voló al Mediterráneo,
cambiaron ellos el color de los ojos,
se vistieron con veladuras de tristeza,
de temporal silencioso,
aquel dolor de animal herido
tan fieramente.
Donde resbalan las palabras
como pompas de jabón,
tronaba la voz de los huesos,
mordiendo el silencio.
Caían los días entre arenas
y pétalos de amapolas.

Siempre muere quien puede.
Los demás seguimos dibujando
sin prisas días soleados.
Construyendo árboles, sonrisas,
porque la vida es otra cosa,
y en esa trinchera luchamos
sin perder de vista la fuente.

Se hace más lento el curso del río
si tú posas al fondo;
vuelan hasta mí los versos
las sílabas se desgranan
y por tu vestido la aurora.
El pincel busca tu color
igual que la mariposa la flor.
La luz me la diste tú.
aunque el calendario
dice lo contrario,
porque las estrellas
no cuentan el tiempo.

Quise desparasitar
la flor de la vida.
Tú eres la fuente,
el sentido del camino,
la luz y la ilusión.

Una gota de sol
llena el mundo de girasol,
los bosques añil,
no hay miedo sin valor.
Todos los vuelos de sueños
unidos.
Cien gramos de razón
mueven un universo.

La voz con sentido va más allá que castillos de arena.

Recuerdas que, por los blancos celestes de la pared,
se dibujaban racimos de rosas sin espinas
como aves sin jaula.

Ella conserva en su libro
canciones de mar,
un beso y un anillo,
una voz que no regresa,
una mirada perdida,
silencios que suavizan las horas,
una promesa que no llegó,
y sigue extrañando
mientras danza el aire.

Testigos silenciosos
los ojos de las flores
como faros encendidos.
Voy desgranando palabras
mientras intento
encender
estrellas
para que alumbren tus sueños.

Palabras dúctiles
sirena de cielo,
hoy pierden sal los días,
préstame tu pañuelo.

Desde el cielo
la tierra verdea
suspiros redondos, profundos
y encarnados.

Tuvo de ángel bondad,
tan clara y sincera de luz,
la llamaba mamá.
Cuando llegaba,
yo me perdía por los estribillos.

La mañana limpia sonora
acaba de nacer,
todos los azules celestes,
sonrisas de nácar,
trenzan mágicas lianas
de luz.

La altísima mirada del dolor
inclina su oído
a la felicidad pegada a la tierra
mientras la picotean aves.

La niebla devora realidad,
los juegos,
los retratos de los sueños,
perdidos por capitales
y caminos.

Por catedrales de barro
llora la tierra
cuando niega nombres y apellidos
la lluvia.
Un fuego enfurecido cabalga
encima de bosques y ríos.
El rocío presta lágrimas
a plantas humildes.

Ni me conozco de pronto
respirar conciencia
integra todo lo profundo.

Ni me conoces.
Una tierra mansa,
una luna amarilla.
La facultad de la vida
esculpe el color perfecto.

El cielo subía.
Quedó muda la tierra tiritando de frío
en aquella pequeña habitación
y aquella tristeza de pan sin ciruelas.

Un trozo y otro trozo de vida
escapan por las rendijas.
Cruzando semáforos rojos
de arena en tiempo fugaz.
Flotaba un aire limpio rozando la seda,
los instrumentos de la tarde,
brisa y melodía,
se acomodaban esperando
los luceros.

Resurrección

Tienen miedo mis manos, por un mundo cuadrado.
Saltan chispas, guerras, por la otra cara sin razón.
No quieren silencios que queman,
silencios que deshojan sonrisas y borran metas.

¡Trovadoras de letras!

Lloran mis manos, se alborotan, se despeinan,
gritan descaradas, arañan la tierra. Mis manos
quieren resucitar la paz en un mundo enajenado.
Para los que tiemblan llevan vida en un abrazo,
nanas, arcoíris. Por los niños, que llueva la razón.
Dar luz y restar dolor quisieran,
desparasitar al mundo de usos inadecuados,
construir con versos, lagos y paz eterna.

Los versos nacen por las venas
y, como pianos llenos de música,
piden la palabra,
se tiran a la raíz del libro en calma,
nadan por cuerpos de páginas
libélulas de luna.

Jacinto celeste

Tu alegría bailaba con la brisa.
Gajos de uva dulce
tus medias palabras.
Redondas por mi oído.
Contabas pasos de auroras,
te dibujaron con miel de cerezas.
Jacinto celeste.
Llenos de sonrisas quedaron
los patios,
la fuente de los días, la lluvia de la tarde.
Y tu firma tan llena de amor
por mi diario.

Otoño

En ese dejar caer tu cuerpo
como las cuentas de un rosario,
con melodías de colores
que nos sorprendes a diario.
Como un arcoíris te vas bailando,
entre color y hojarasca
encendiendo y apagando.
Gota a gota, vuela el corazón.
Entre marrones y amarillos,
tiemblan rojos de pasión
con susurro de la brisa.
Levantan las manos,
algunos verdes se quedan
tal vez recordando
el vigoroso verano,
y queriendo seguir,
se van marchando.
El cielo se acerca,
con beso velado,
a vestirte de sueños
cuando medio desnudo
dejas ver tu llanto helado.
Mi querido árbol…

Para recordar aquel tiempo
cuando no tenía tiempo,
cuando eran tan pequeñas las horas
que me obligaban a volar sin alas.
Aprovecho la paz y me fugo
a leer el libro de tu infancia.
Y me encuentro buscando
dientes de leche
y barquitos de papel.
Volaron gorriones y magia.
Mengua la luna
y a veces aprovecho
la paz para fugarme.
Se multiplicaba cariño por amor
y no cabíamos en casa,
salíamos al patio a compartir melodías
y se confundía la felicidad.
Conjugar la luz de noche
con las estrellas del día.

Poesía

Es una estrella, un hada,
la que me llena de versos el alma.
Me despierta, me deslumbra
al alba y de madrugada.
Ella es vida, luz,
tempestad, agua,
latido que alimenta,
ternura que abraza.
Es amor por el oeste,
revolución del presente,
río de lunas desde la cuna,
pétalos, belleza y calma.

Desde mayo comenzaban las variedades a sonreír con tallos nuevos, cubriendo el techo con colores de fiesta. Cada hoja tenía flores blancas pequeñas, anunciando racimos de uvas claros y oscuros de rico néctar. Por junio el sol se abría paso con manos nuevas y viejas, violetas verdes oscuros, claros ribeteados de luz, llamaban a duendes y elfas. Papá descansaba sobre la viva y dura tierra, bajo aquel artesonado pregonando su belleza, sueños de Mocabo, Tintora, Tempranillo, intensos, aromáticos, versátiles. Notas frescas de peras y flores, fruta roja, grosella. Fascinante junio, quién pudiera oírte de nuevo, sentir tu voz de menta.

Regreso

Parecían dos náufragos mis ojos buscando la luz.
Cuando regresé a España,
volaban mis pies como gaviotas.
Se abría ella como una flor al alba.
Me sentí girasol de mi infancia,
buscando el abrazo del sol de mi patria.

La miré entre azahares, romero,
amapolas ruborizadas hasta el fuego
rodeando el trigal.
Dormitaba el rosal en la ventana del hogar.
Despertó a darme la bienvenida con una flor.
Granadas abiertas
con vuelos de alondras.

Claros y oscuros

Entre claros y oscuros la semana
comienza en miércoles.
Viendo como la lluvia menuda
trae un paisaje grisáceo.

Aromas de limón
hierbabuena y clavo.
Después regresa recién nacido.
Y enero sorprende con abril.
Por una calle sin nombre
silba el aire aromas de pan recién hecho.
Sientes el aterrizaje de tu «yo»
con el sol despierto
ante tal gama de colores,
herencia del ángel de la guarda.
Guarda silencio el reloj.
Y calla el «zurrón canta...
zurrón baila» del destino.

Estaciones

Los días de invierno son fríos puñales,
en primavera de flores,
en verano de agua y árbol,
el otoño dorado fuego que arde.
Todo frente a mi ser,
mi ser frente a todo,
escapando de mí.

Girasol

Será la tierra seca y mojada
la que te sueña de madrugada.
Por eso al alba, cuando despierta
el astro rey,
levantan la cabeza
y se giran los girasoles,
levantan sus banderas de luz,
grito limpio, amarillo sol.

Morder el dolor

Morder el dolor con los dientes,
con la boca, con el ser.
Poder deshilachar el sufrimiento,
ese dolor que quema la luz del mundo.
Buscando su lado dulce
lo envolvería en luna
y devolvería la sonrisa
más morena.

Pupitre

Siempre pedía un pupitre
en mi carta de Reyes Magos,
pero no lo trajeron nunca
—¿no lo recordaron?—,
y lápices de colores.
Siempre los estuve esperando.

Al despertar, miraba por dónde
habían podido dejarlo.
Si no estaba en casa,
¿tal vez en el patio?
No los quería oscuro, los pedía claro
como las alas de las mariposas
que revoloteaban por los naranjos.
Me sentaba por los arriates
entre romeros y geranios.
Qué feliz era mi libreta
sobre el pupitre imaginario.

Días claros

Por el corazón mendigo
manojillos de ternura y hierbabuena.
Por los poros de la piel,
emociones, alta gratitud,
calma por el corazón,
en esta infinidad de días
claros.

Flores

Saltan a la vista danzando, y bailando
se descuelgan por paredes y lienzos.
Blancas, malvas, amarillas, rojos volcán,
sujetas a las lianas de la vida.

Regresan recogiendo los colores
como una mar ofendida
por los pasillos de los días
regalando luz.

La brisa promete sueños,
y entre ribeteados de sol de atardecer
hablan mariposas,
vienen, van, en segundos mágicos.
Prometen besos, imaginan versos...

Amistad

Quisiera que retires de tu voz
esas toneladas que le sobran.
Quisiera que suene de nuevo
a primavera y gaviotas,
a amistad libre y a gloria.
Después de toda la nostalgia,
no oigas el rumor de los débiles,
ni los juegos egoístas.
Tú eres mucho más que eso.

Quédate contigo, con tu esencia misma
siempre fuiste espiga y marisma.
Puedes dar la espalda a la ortiga,
mira la rosa blanca de la mañana,
las sonrisas de las flores de tu jardín,
las horas donde los dátiles
son fuentes de miel,
los nardos al atardecer son tuyos.

No dejes que se deshoje la ilusión,
las horas pasan tan deprisa
que, entre hola y adiós,
se marcha el día,
con rapidez desde mi balcón.

La alegría está
tras los ojos claros de la meta.
Entre los verdes limpios del campo
como una flor que riegas a diario.
Como un colibrí esperando
que los latidos formen melodía.
Solo por la vereda que suben y bajan
cigarras, libélulas, calandrias,
viven los ojos claros color azafrán
de la alegría.
A esta hora mis líneas las sueñan,
mi mente gira por su sonrisa.
Por los altos rojos de la granada
la alegría del logro.

Un diez

Era una larga vida alcanzar el diez.
Respiraba desde el alba
amor silencioso,
amor de su naturaleza.
La brisa mecía con grandes manos una danza íntima.
El atardecer de un jardín de metáforas
con resplandores de sueños.
Ella, envuelta en blancos sencillos,
sentía cómo la traspasaba la luz del sol
entre suspiros de adiós.
Una luna pálida la acompañaba
en tan hermoso trance.
Cerró los ojos emocionada, extasiada,
y fueron diez días bien vividos.
Sintió cómo lágrimas y semillas caían en cascadas,
rodaban por los pétalos de su cuerpo:
su continuidad estaba asegurada.
Cuando abrió los ojos de nuevo, ya no tenía raíces,
tenía dos hermosas alas.
¡Es cierta, se dijo, la historia de las flores,
que después del traslado vuelan como mariposas!

Sin fecha de caducidad sigue el frío de nieve.
El calendario dice que mañana llega julio
y solo quema la cornada salvaje de aquel día
que nos sorprendió por el ruedo de la vida
inexplicable, inevitable, sin sentido.
Recuerdos, melancolía, jacinto,
el adiós de limón de un jacinto celeste
que siento latente despierto dentro de mí.

Ella es luna, nunca fue él.
Con un buril perfila su figura
perdida por remolinos,
de alma nacía oscura.
Busca el don que le pertenece,
escribe su nombre con uñas y dientes
y lleva escrito en la frente
color mujer.
Ella nunca quiso ser él.

Cuando se abre el camino,
una palabra brilla y se queda contigo.
Le acaricia con la mirada
como a un recién nacido
con aromas de amaranto,
de jazmín, canela, limón.
El fiel lápiz cincela el cirio,
se enciende este con la pasión
del buen vino,
y algo mágico espera ser leído.

Una palabra es la llave
que cierra o abre el camino.
Llegan los paisajes de mundos
divinos o heridos.
Regresan los caminos
con música de agua,
con amapolas y lirios.

El sol dorando espigas de trigo.

Esta mañana, cuando el gallo cantó,
sentí que el día no era dulce,
era amargo
porque no estabas tú,
y, aunque acepto tu ausencia,
te echo tanto de menos
que el aguanieve de la mañana
se aloja por mis huesos,
me embarga la tristeza
porque no es azul el cielo,
porque no estás y te sigo sintiendo.
Por el recuerdo tu sonrisa, despierta el azul
y me mira tu foto y despierta la luz,
y te hablo y contestas
porque te quiero,
así escapa el tiempo.

Pronto llega la primavera
y nacerás de nuevo
por el sol, por los luceros,
por la mar, oleaje de sentimientos.
Nacerás por todo cuanto quiero.

A la mesa del escritorio le sonríen los ojos
cuando llego,
cuando ve el lápiz y páginas blancas.
Transmite calma
mi querida madera de olivo,
y siento cómo me abrazan sus ramas
entre racimos de flores blancas.

Vuela el lápiz entre sueños
verdes y plata.
Entre arrullos y zureos de paloma,
suspiros de madera clara.
Una melodía húmeda, cálida,
columpia los sonidos.
Suben y bajan ronroneos
entre ramas milenarias.
Tangible es la paz, la de tu alma,
verdes de hojas esmeraldas.

Son mis ojos mis alas
que ven la magia pasar.
Padre, mientras viva, permíteme navegar
por las páginas de los libros.
Entonces la mar cabe en mi corazón,
yo misma soy la mar,
una paloma mensajera
del más valiente capitán.

Crear las ideas que me despiertan,
florecer por las palabras
que me piden realidad.
De noche, cuando el tiempo duerme,
no sabe el reloj contar,
mi corazón se hace de versos
y solo entonces mi yo puede caminar.

Verde celeste olivo,
cuando hablo contigo
me salpican las flores
de tu moreno vivo.
Vivo moreno, moreno vivo,
el ribete del sol te hace divino.

Vino amargo,
me recordabas con el corazón
prisionero de tristezas.
Aullaron mis palabras
cuando se descosieron
las costuras.
Se escaparon las estrellas
y, con ellas, la luna.
Después se hizo un hueco
por las piezas del camino
y me dio la mano la música
por el lienzo del tiempo.
La oración de los pies trabajando
endulzaron el vino amargo.

Mañanitas

Aunque el final del mundo sea mañana,
hoy sembraré manzanos en mi huerto.

MARTÍN LUTERO

Por las mañanas de invierno
el aroma de la casa de mi abuela,
de mesa camilla y cisco picón,
de albahaca y puchero con yerbabuena.
El agua en el pozo,
jazmines blancos, orquídeas negras,
las canas por tu roete acariciando
macetas.
Dos golondrinas blancas,
Reyes, Manuela.
Espliego, rosa y violetas,
blancos caminos,
verdes veredas.

Por que el cielo siga despierto,
lloren las nubes sobre su pecho.
Mientras la tierra húmeda despierta
con sabor a menta,
eucalipto y romero,
por que siga el amor dibujando niños y flores.
La blanca sonrisa de arboledas,
regalando incienso en primavera.
¡Plantemos olivos,
manzanos y esperanza por los huertos!
Aunque parezca que el final del mundo
puede ser mañana.

La torre es marisma hija
de la Giralda.
Los naranjos dibujan un vestido
con forma de barquito encallado
que sueña con llegar a la mar.
Los pinos que la rodean
son murallas de rompeolas,
con una gran plaza abierta al campo
de tierras negras, fértiles.
Por los costados heridos,
sonríen jazmines y rosas,
y el sol lo abriga y le regala
flores todo el año.

Margaritas

Hoy quieres recordar el día
que te trajeron los duendes.
Entonces no había cigüeñas,
naciste en viernes.
Dos palomas blancas tiraban
de una carroza de margaritas silvestres,
y brillaban tus ojos como dos gotas
de miel verde.
Dos rosas se desnudaron
para que te vistiese,
y un clavel destapó su alma
y la dejó en tu frente.

Tu luz

Cuando pienso en ti,
se repite tu presencia en ecos
y me llena de luz primera.
Nadaste en mis raíces más profundas,
bastó un soplo de amor
para inundarme de vida,
una chispa para encender el sol.
Cuando llegaste a la meta
entre vivas corrientes de clavel,
tú la fuerza que asomó de mí,
criatura breve tú.
Alumbraste mis días
con tu hermoso latido.
Breve tallo entre mis manos,
tan profundo de amor,
tan río que inunda,
tan agua que se crece en la mar.

Sin ti

Qué haré conmigo si me ausento.
A ti te debo la ilusión.
Ya no daré las gracias
por los días ni por el sol.
No encontraré la luna por mi cuerpo
ni aquel camino que era mío,
no encontraré los recuerdos.
Qué haré si se cierra el libro
y no estoy dentro,
si se pierden mis pasos entre paredes viejas,
si no encuentro tu nombre.
Qué haré conmigo sin ti.

Desde la foto a carboncillos
que dibujaba en tu ausencia,
entre blancos y negros,
callan suspiros.
Cuando miro,
parece una puerta abierta
al campo que tanto amabas
y entre eucaliptos y olivos.
Sonríen las cuatro estaciones
la música verde de tu piano trigo,
el amor que desgranabas
entre amapolas y lirios.
Hablan por tus silencios
las flores blancas de los almendros,
la rosa que tus labios colorea,
sonrisa que regresa
a despertar tu piel morena,
y esas ondas de amor y misterio
que solo lee el corazón entre el blanco y negro.

Con palomas blancas
duerme, niño, duerme, niño del alba.
Sueña con palomas blancas
en la cuna de mis brazos,
fortaleza de montañas.
Qué fácil fue quererte
antes de que llegaras,
después de un silencio largo,
roto con gritos de agua.
Qué fácil fue perderse
por el sencillo laberinto
de tu limpia mirada.
Duerme, sueña con palomas blancas.

Tu estrella

El sol de los centros
nos quitaron ayer,
y a este estado gris
no llega el amanecer.
La chispa de tus ojos, alma mía,
aquella chispa incendiaba
la luz de la alegría.
No pudimos completar
nuestra historia de amor y ternura,
y un siglo de tristeza
me ronda el corazón.
Ahora vives un poquito más allá,
donde nuestro conocimiento
no alcanza a llegar,
aunque me sonríe tu estrella sin parar.
Un día, cuando el tiempo pare
de contar años,
dejaremos de jugar;
yo te encontraré, tú me encontrarás
para sonreír por la eternidad.

Puro árbol blanco sin espinas,
chispa que salta e ilumina,
soplo de abril por las venas,
el amor, río del alma.
O el alma, río del amor.
Es una venda en los ojos
que te lleva de la mano
por mundos maravillosos
de donde no quieres escapar.
Un cielo que se instala en la tierra,
tierra que escala al cielo,
un lenguaje universal,
un océano que cubre
la miel en lunas de un cantar.
Es un sol que nieva en julio,
es descubrir por la vida el panal,
es también el que te deja sin aire
cuando no es de verdad.
Duele como hierro candente su penar.
Lo más hermoso del mundo es del verbo amar.

Héroes

Al despertar me asomaba
a la ventana que da al campo,
y los girasoles cada día
revelaban más esplendor.
Parecía como si de noche
nacieran de manos angelicales
y dejaban oro en el color
en complicidad con el sol.
Un día pusieron un hombre
de caña y trapo.
Los pájaros no picarían
las semillas de aquel jardín.
Parecía un hombre del pueblo
en su labor, sin frío ni calor,
de sol a sol,
solo corazón. Yo lo llamé héroe,
Francisco, José, Roberto,
Salvador, Juan, héroes
por su hermosa labor.

Hombres que cuidan la naturaleza,
de lejos parecen de trapo,
¡y son todo corazón!

Luz nublada

Te entiendo y veo dolor en tu pecho,
sin pasar el umbral del humilde corazón,
sin saber el color de las palabras
que nacieron del vivo sol
de blancas paredes.
Desenredaron las estaciones
de los primeros años,
tomaron notas de las primeras estrellas,
de la rosa blanca del jardín al atardecer.
Regaron semillas nuevas.
Era la tierra un camino oscuro sin orillas,
y se perdía el agua dulce por los surcos.
Venimos caminando de un tiempo implacable.
Buscando luz.

Antes no sabía

Antes no sabía por qué ni cómo,
por aquel invierno largo
de sombras y pesadilla.
Llenaba los días de agua
para poder sobrevivir
aquellos doscientos grados.
Pero el amor es más fuerte
que el dolor.

Cuando se siembra corazón,
abren las puertas y la luz.

Grabados

Si te miraba los ojos,
estaba la luna llena.
Si encontraba tu pensamiento,
era primavera.
La mar del campo verde
entre páginas de sol.
Ese tiempo abría puertas
y las primaveras se multiplicaban.

El cielo

Es de sangre roja y celeste
y de alas y oleajes ultramarinos.
Y los zapatos se volvieron locos
en aquella mar de quietud.
Por el silencio
hay un violín que llora
escarcha sobre mi hombro,
y yo no tengo palabras
por esta madrugada sin final.

Tuvo la vida un descanso,
otras se alborotaban,
se sujetaban con besos
y retales de seda y alma.
La alegría eran tus brazos,
fuentes de primavera blanca.

Todo me recuerda a ti.
La voz verde del campo
cuando llega el mes de abril,
la llave que abre la puerta.

Todo me recuerda a ti.
Mis manos lloran tus manos;
mis ojos, tu perfil.
Siento llegar tus pasos,
tus pasos llegan sin ti,
y te espero después de saber
que nunca puedes venir.

Amor rosa

Tengo aún las manos rosas
de tu locura por el color.
Todo lo vestías de rosa,
a rosas sabía el amor.
Eran rosas tus manos
y rosa mi corazón,
el hilo que nos une,
nadie cortó el cordón.
La distancia tiene color.
Si tiras, voy.
Si tiro, vienes.
Por el hilo del amor,
la luz.

Pude salir del llanto
salir del río de dolor,
de su corriente.
Pude expresar mis emociones.
La tristeza nunca es derrota,
es un vuelo incoloro,
días de molinos de viento,
lazarillos del amor
con propósitos de armonía.
Fortalece el sentido de la vida
crecer por esta estación,
experiencia única
del aquí y ahora.

Ella, mi hogar

Junto a la alegría del naranjo
vive ella,
entre sonrisas de jazmines, romeros
y rosas luneras,
mi piel blanca de cal,
mi compañera.
Con pamela de rojas tejas,
a la sombra y al sol
de la marisma,
me sonríe cuando llego,
se alegra llena de luz,
siempre nueva y siempre vieja
cuando tararea una canción
bailan duendes
y libélulas.

Blanco

Quería aquel abrigo blanco.
Era de mi tamaño,
del color del lago azul intenso,
espléndido.
En sueños le vetaron los glóbulos rojos
sin estar invitados.
Luché a brazo partido
por aquella promesa,
color caramelo de tu abrazo.

A través de ti

Recuerdo cuando tu voz
era como un firmamento de estrellas,
y el cantar de tu corazón
entonces solo necesitaba
la tibieza y la ternura de tus manos,
el celeste claro de pecho,
todo era un mundo inmaculado.
Recuerdo o sueño crecer
dentro de ti, mamá.
Fue mi viaje más hermoso.
Recuerdo que regresa tu voz
a resucitarme por la sangre
entre sonidos tibios
de manantiales con tu luz primera.

Si me pierdo alguna vez por las arenas
de la vida,
deja que me bañe cerca de la luna
para encontrarme.
Recuérdame que fui fuerte y libre,
que fui capaz de volar.
Déjame de vez en cuando sola
con una goma y un lápiz,
déjame cuando llueve sin techo
hasta empaparme.
Deja que la música me salve del olvido,
por bulerías y salves,
que la guitarra flamenca
con cinco puñales me eleve al azul del aire.
Abre la puerta a los poemas,
su melodía vive por mis venas.
Escribe tu nombre lejos del olvido.
No puedo olvidar quererte,
tu nombre siempre conmigo.

La mar hoy sabe que ya es primavera
y dibuja en el horizonte naranjas
de amarillo nardo.
Un pincel enamorado susurra claveles
de sangre nueva.
La ola serena disuelve su plata
en verdades de luna y estrella.

Tu abrazo era la chispa que encendía
las estrellas al atardecer.
El agua que roncaba alborotada
llenando ríos secos.
La luz que espantaba las sombras
al alba, un pregón de amor,
con palabras desnudas.

Recuérdame que soy de piel
cuando creo que soy de humo
y la mar me presta su azul de sal
porque ya no soy de vino.
Recuérdame que la tristeza
no es para siempre
si se derrama la música,
y que alguna vez fui de sonrisa.
Recuérdame que no estás
cuando recuerdo que a cualquier
hora era tu piel morena.
Recuérdame.

Conquistando sensaciones,
yellow love,
con pamelas de palmas
conquistando primeras palabras,
primeras sensaciones,
la sonrisa lleva dientes
de leche.
Ávida mirada
vivaz y creciente,
con el tiempo y sus prisas
miras y aprendes,
imitas y regalas
vida de tu fuente.
Salpicando alegrías celestes,
tu ángel conquista
con medias palabras
instantes inmensos.
Entre ellas me encuentro indefensa.
Conquistan con su verdad,
llevan la voluntad a cero,
apresan con pétalos de vida,
cárcel de poemas y besos,
pamelas rosas de lunares,
estrellas del universo.
Los desfiles de diario,
arcoíris de colores extraordinario,

salt and flavor of the days,
por el faro de las venas
la luna y el sol se confunden.

Los gorriones de tus manos,
ya no me buscan los gorriones,
no sé si levantaron vuelo.
Ya no te siento a ti,
mi querido niño pequeño,
te tapaste con las sábanas, travieso,
no antes de abrazar a todos los que te queremos,
sin decir nada,
solo hasta después, hasta luego,
porque ahí estarás cuando lleguemos.
Seguro que naciste en lo más hermoso del cielo
y te esperaban los ángeles por buen costalero,
y te esperaba Jesús con los brazos abiertos.

Giralda

Nacía al alba un cielo de amapolas
tras el cuerpo de encajes de la Giralda.
Ella miraba, miraba
el rumor de azahares que la calle perfumaba.
Entre melodías de ruiseñores,
su estampa, por patios cercanos,
la pintan morena y cristiana,
la cantan andaluza y musulmana.
Y ella es solo una mujer
enamorada de la tierra que la vio nacer.

Sin luz ni piedad

Se erizan las palabras
solamente con pensar
que esta vida que tanto amo
puede deshacerse como
un terroncillo de sal.
El llamado mundo moderno
se va quedando sin mar,
se enamora de los espejos
disfrazados de cristal.
Alfileres que contaminan.
Y aquella rosa blanca
de la mañana hecha con verdad
se va hundiendo por el pecho
sin tener oportunidad
de recuperar ese tesoro
de llamar las cosas por su nombre
y dudar
si el camino que pisamos
es solo una fantasía
o es una oportuna realidad.

El jardín

La vida me dio la oportunidad de conocer otros países, otros horizontes. Añorando mis raíces regresé a poner sentido a mis días, después de las pérdidas. Como dijo Víctor Frankl, «la vida es digna de ser vivida». Y fueron mis pasos en dirección a la «ciudad del campo», mi hogar en las marismas del Guadalquivir, un paraíso construido de forma natural, un lugar donde vivir en paz y sanar cicatrices. También estuve creando mi propio jardín, como Claude Monet creó, en otro tiempo, el suyo entre nenúfares. Me seducen los naranjos siempre en flor, rosas amarillas, blancas, malvas, pacíficos, jacarandas al fondo, eucaliptos de plata, entre la savia y los contornos del aire, el campo abierto en girasoles dibujando soles en todas direcciones. Estrenando días a diario, cada uno trae sus claridades de cielos añiles, cielos rosas, naranjas, de fábula al atardecer. La lluvia de azahares y aromas cercanos a la locura de las flores. Nacen en versos nardos, azucenas y buganvillas. Las nubes decoran majestuosas un paisaje que te hace florecer por el amor a Sevilla.

Agradecimientos

Agradezco a Rocío Fernández Berrocal, desde la admiracion, su grandeza de alma por creer en mí. Y por su gran ayuda incondicional.

Y a José Peña Fierro, toda mi gratitud.

Índice

Esta edición de *Apuesta por la luz*,
de Francisca Carmona Geniz, terminó de
imprimirse en septiembre de 2025.